ISBN 978-1-71652-691-6

ᔑᑲᕐ ᙮ᐧᑊᓯᕐᐤ ᑕᐁᑊ ᐟᕀᗊᐊᕐᐊᕀᑕᐣᐨᐸᐁᑎᕐᐊᑌ

Qugh

DIS 2020 jar 9, jar 10 je

lIngta' lam 'aj Se'vIr malja'
gherta' DeSDu'

�` ᐳ

ᐃᐅᐱ ᑕᐧᑕᐧ ᑎᑋᔦ ᐁᐁ ᑎᑋᔦ ᑕᐧᑎᒥ

ᒪᐁᑯᐴᑫ' ᒪᑫᑕ 'ᑫᑎ ᐈᒥᐧᑯᔦ ᑕᑫᒪᑎᑫ'
ᐃᒥᔦᐴᑫ' ᐊᒥᐃᐊᔦ'

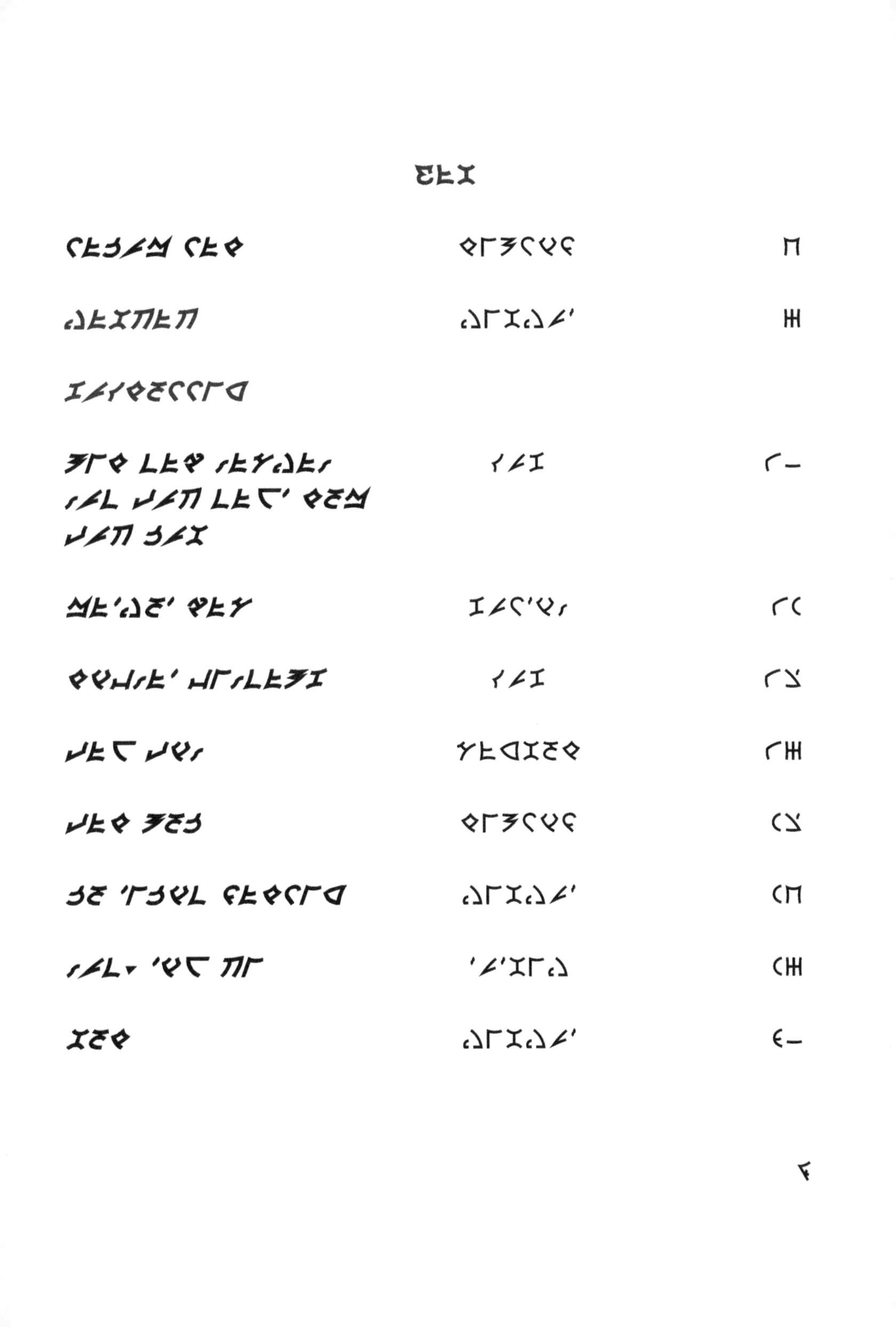

[illegible]

[illegible]	[illegible]	[illegible]
[illegible]	[illegible]	[illegible]
[illegible]	[illegible]	[illegible]
[illegible]		
[illegible]	[illegible]	[illegible]
[illegible]	[illegible]	[illegible]
[illegible]	[illegible]	[illegible]
[illegible]	[illegible]	[illegible]
[illegible]	[illegible]	[illegible]
[illegible]	[illegible]	[illegible]
[illegible]	[illegible]	[illegible]
[illegible]	[illegible]	[illegible]

mapuv maH
qonta' HermIn

      mapuv   puv
ma-
  ma-
    ma-
      ma-
        ma-   ma-
          ma-   ma-
            ma-

maH.

Π

CEƷ⼂H CEϙ
ιᔓᑲᖶᘳ' ϙᖶƷCϙᔓ

CEƷ⼂H   Ʒ⼂H

CE-

CE-

CE-

CE-

CE-   CE-

CE-   CE-

CE-

CEϙ▴

⅄

DaSjaj ghuQHommey

qonta' DeSDu'

ngeng So' vI'laSHom.
magh vel po 'eSreH. HIqIm,
bo'Degh SuD! bIghung.

paw jup, Qa'Hom Sey.
yISop, Qa'Hom, yISop. tugh
chegh ram 'a DaH … nay'!

wej bo'DeghHom SuD—
loDnI'mey bIH 'e' vIjal.
nItebHa' Dat leng.

ዘ

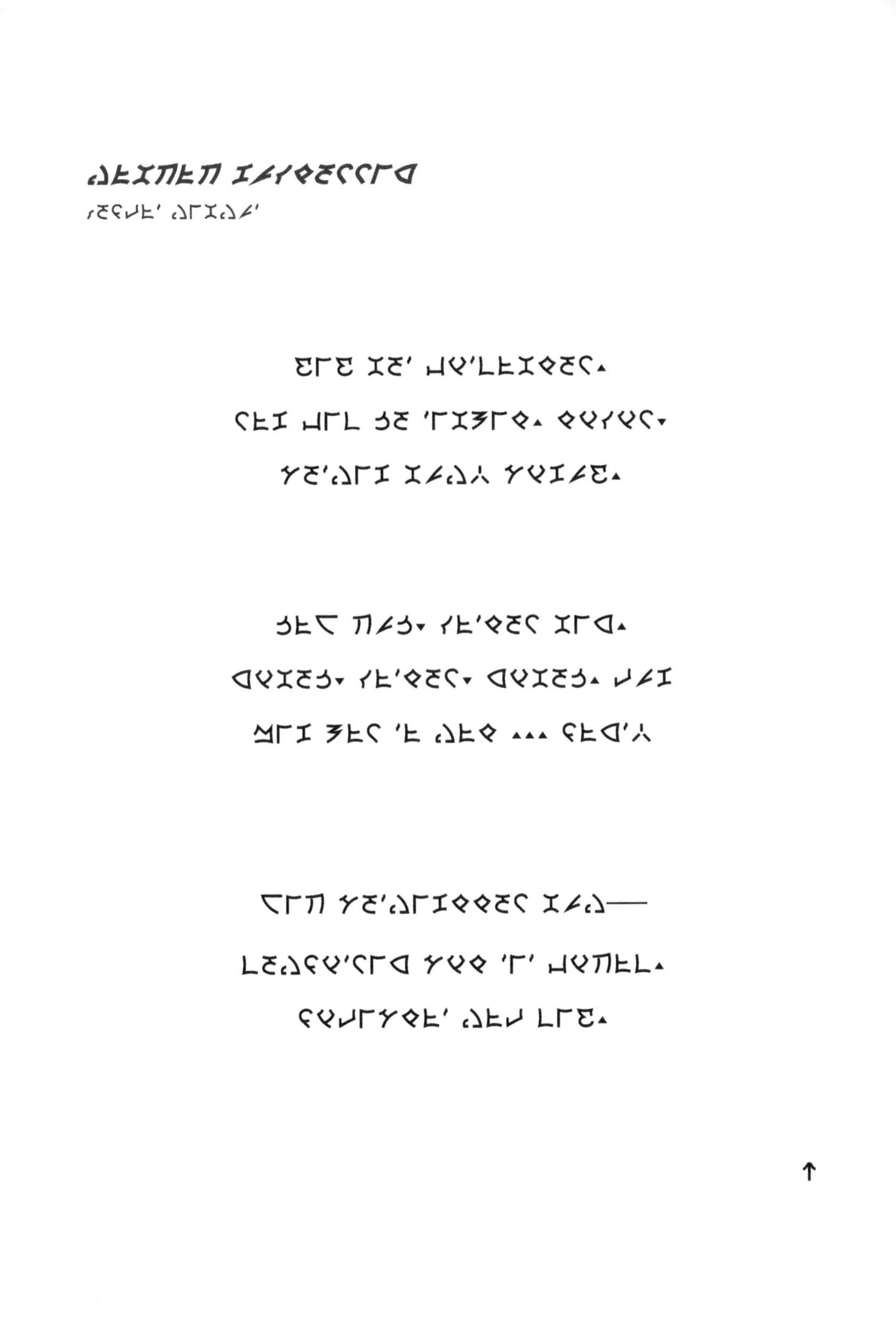

[illegible]

[illegible]

[illegible]
[illegible]
[illegible]

[illegible]
[illegible]
[illegible]

[illegible]
[illegible]
[illegible]

reH latlh qabDaq qul tuj law' Hoch tuj puS

qonta' Hugh

reH latlh qabDaq qul tuj law' Hoch tuj puS

'ach qabwIjDaq meQtaHvIS qul

tuj 'e' vIjembe'

Sech qengwI' jIH

qeylIS qulDaq jImeQtaH

chochopchugh vaj meQ je qablIj

[illegible]
[illegible]
[illegible]

[illegible]
([illegible])
[illegible]
[illegible]

[illegible]
[illegible]
[illegible]

cha'Do' tlhab

qonta' Kobayashi Issa
mughta' ghum'Iq

tIngvo' 'evDaq chanDaq nej

cha'Do' tlhab—

vay' chIlpu''a'?

⌐⊂

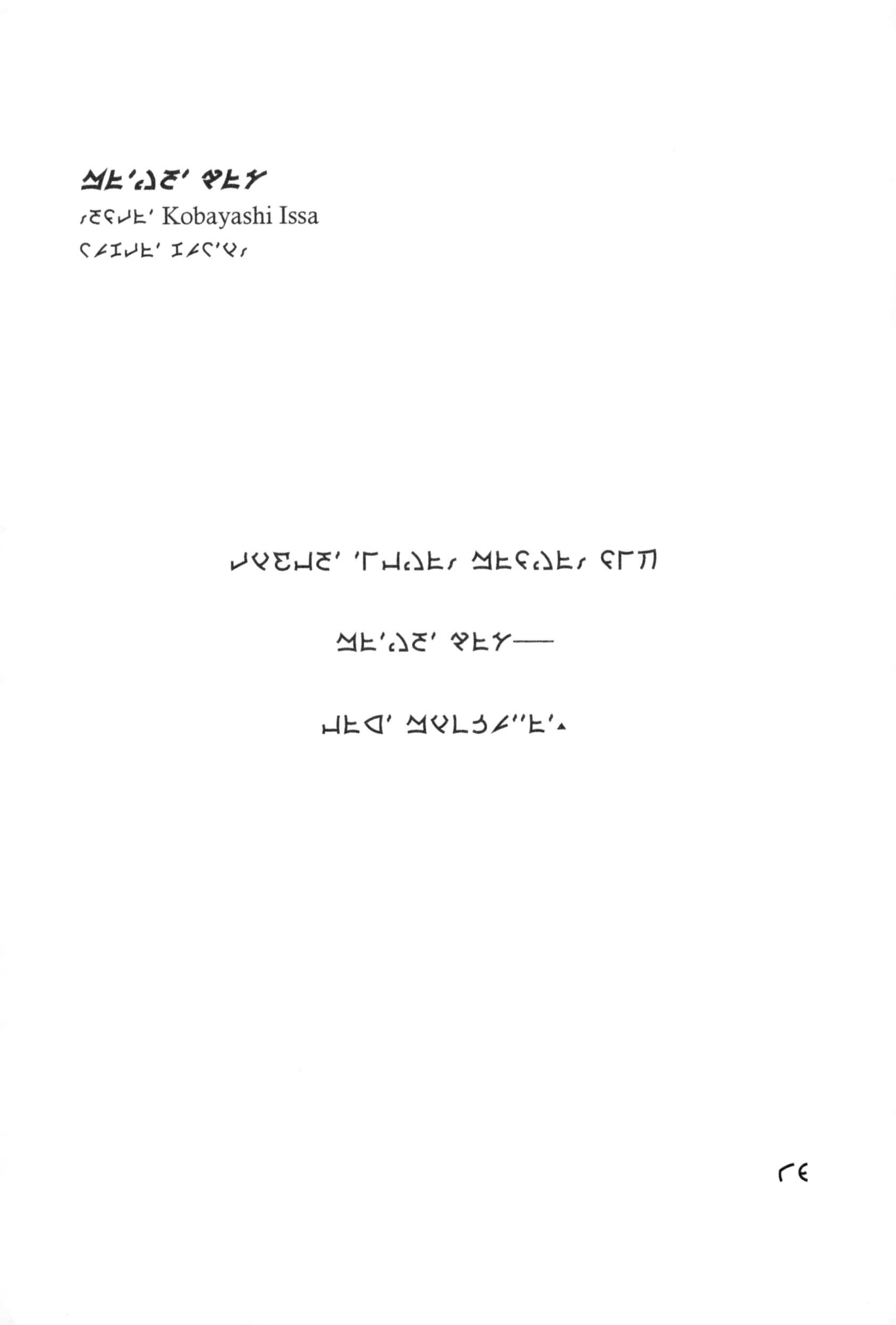

Kobayashi Issa

HIvqa' veqlargh
qonta' Hugh

HIvqa' veqlargh

qatlh nuHIVqa'taH

jISIvqu'

'opleS

Hegh Duj vItIjpa'

chaq poymarvam vIpan

[illegible] [illegible]

[illegible] [illegible]

[illegible] [illegible]

[illegible] [illegible] [illegible]

[illegible]

[illegible]

[illegible] [illegible] [illegible]

[illegible] [illegible] [illegible]

taw tIq
qonta' baySoH

juwIj ghlopDaq taw tIq tu'lu'.

'oDaq ghoS pu Duj law'.

nuqDaq ja hoch nuvpu'vam?

jISIv …

SUB DA4

3JI VAQ

DUJ 8JI

RET BI2

pu Duj perme 'echlethom buS mInwIj

'a Da hopcho yabwIj.

So Dughlej.

⌐п

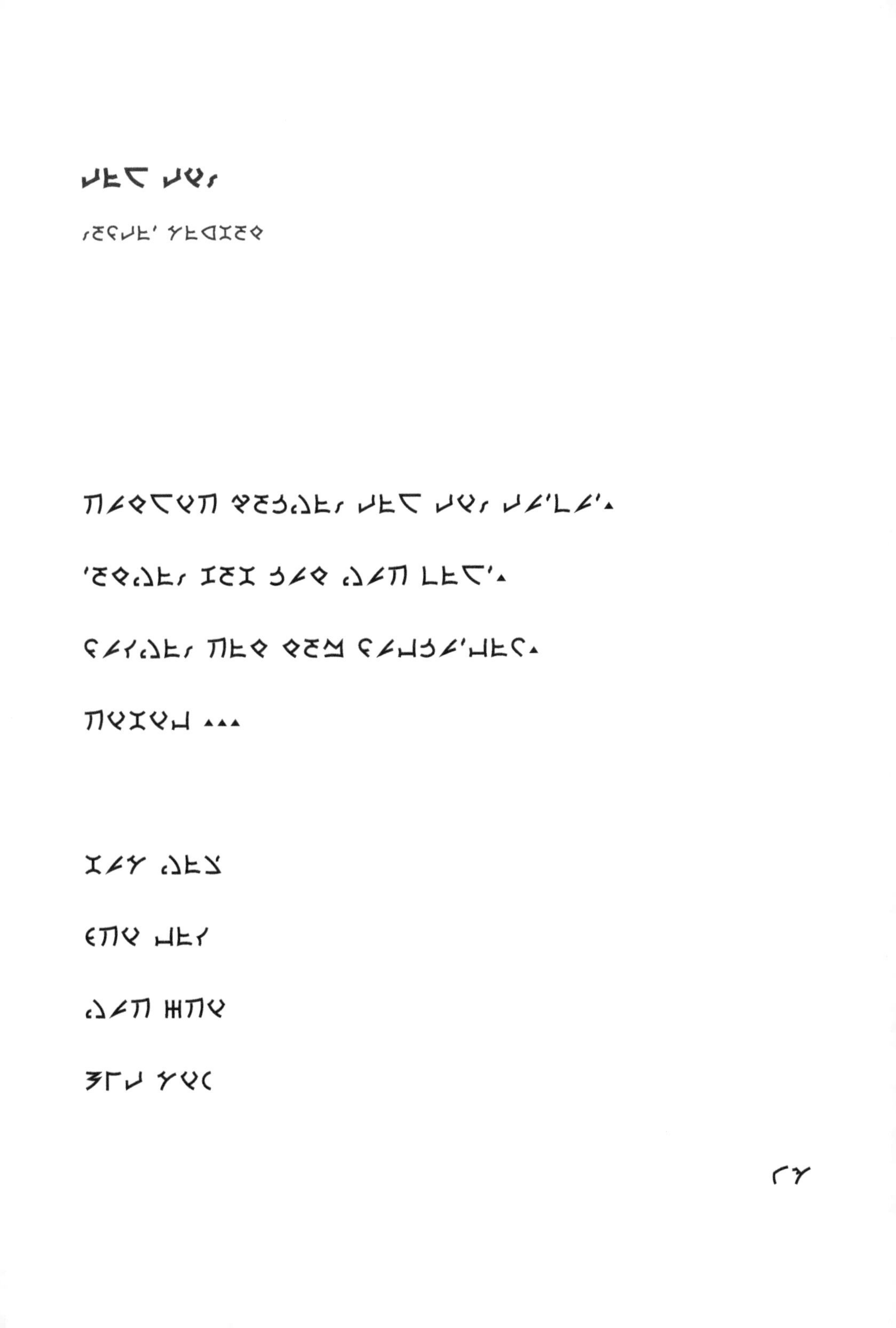

[illegible]

[illegible]

[illegible]

[illegible]

[illegible]

[illegible]

[illegible]

[illegible]

[illegible]

[illegible]

nuqDaq So, bangwI'?

3JI VAQ
SUB DA4
RET BI2
DUJ 8JI

bangna'lI' DaSamta''a'?
juplI' chu' DatIv'a'?
De'wI'wIj—yInwIj lI'ha' je—vIbuSqa'.
nItsvam vIpaQ.

3JI VAQ
SUB DA4
RET BI2
DUJ 8JI

⌐H

ᒉᔦ ᐊᔑ�\ ᒚᒣᒯᏟᕊ ᓑᒣᓵᒥᒌᒍᕋᕟᒰ ᎩᔦᎧ ᏟᕌᕟᏟᕌᏊ

ᓍᎩ ᐊᎧᕊ ᕋᕯᒍᓛᕋᕋ ᕌᎧᎩᏟᕌᒰᕟᎬ

Ꭷᕯᕋ ᐊᔦᕊᕟᎬᕟ

ᕋᔦᎧᐊᎬ Ꭷᕯᕋᕝ ᎩᎬᕟᏟᒍᕟᕟᕟ

ᕟᒰᕋ ᐁᎬᎩ

ᎧᔦᎩ ᐊᎬᎩ

ᒉᕟᐁ Ꭹᕋᕟ

ᐊᔦᏟ Ꮤᒰᕋ

ᎩᎬᕟᏟᎬᕟᏞᕋᕟ ᐊᎬᎧᎬᏟᐁᎬᕟᕟᎬᕟᎬ

ᒰᕟᒉᏞᕋᕟ ᓵᔦᕟ ᐊᎬᐁᕋᏔᕟᎬᕟ

ᐊᏞᕟᏟᕋᕟᏟᕋᒰᕝᐊᕊᕟᏟᕌᒰ ᏞᕋᕟᕌᎬᕟ ᒰᏞᕝᏔᕋᎩᕯᎧᕝᎬᕟ

ᏟᕌᕋᏔᒍᏟ ᏔᕋᕋᎬᎩᕟ

ᒣ↑

'Iv vImoj?

jIlegh'eghcho.

Hop porghvam.

puj porghvam.

DUJ 8JI

3JI VAQ

RET BI2

SUB DA4

qa'wIj

DanI

bImej

-DI'.

SUB DA4

SUB DA4

SUB DA4

⟵

ЄΠϘ ⅃ΕΥ

ΙΛΥ ΔΕΣ

ƎΓ⅃ ΥϘ(

ΔΛΠ ШΠϘ

'Ϙ⅃ ⅃ϘϹΣΠ.

ΠϘLΓΙ'ΓΙΜΣϘ.

ΥΣЭ ЭΣƎΙ⅃ΕϹ.

ЭΛΠ ЭΣƎΙ⅃ΕϹ.

ΔΛΠ ШΠϘ

ЄΠϘ ⅃ΕΥ

ƎΓ⅃ ΥϘ(

ΙΛΥ ΔΕΣ

SUB DA4

CC

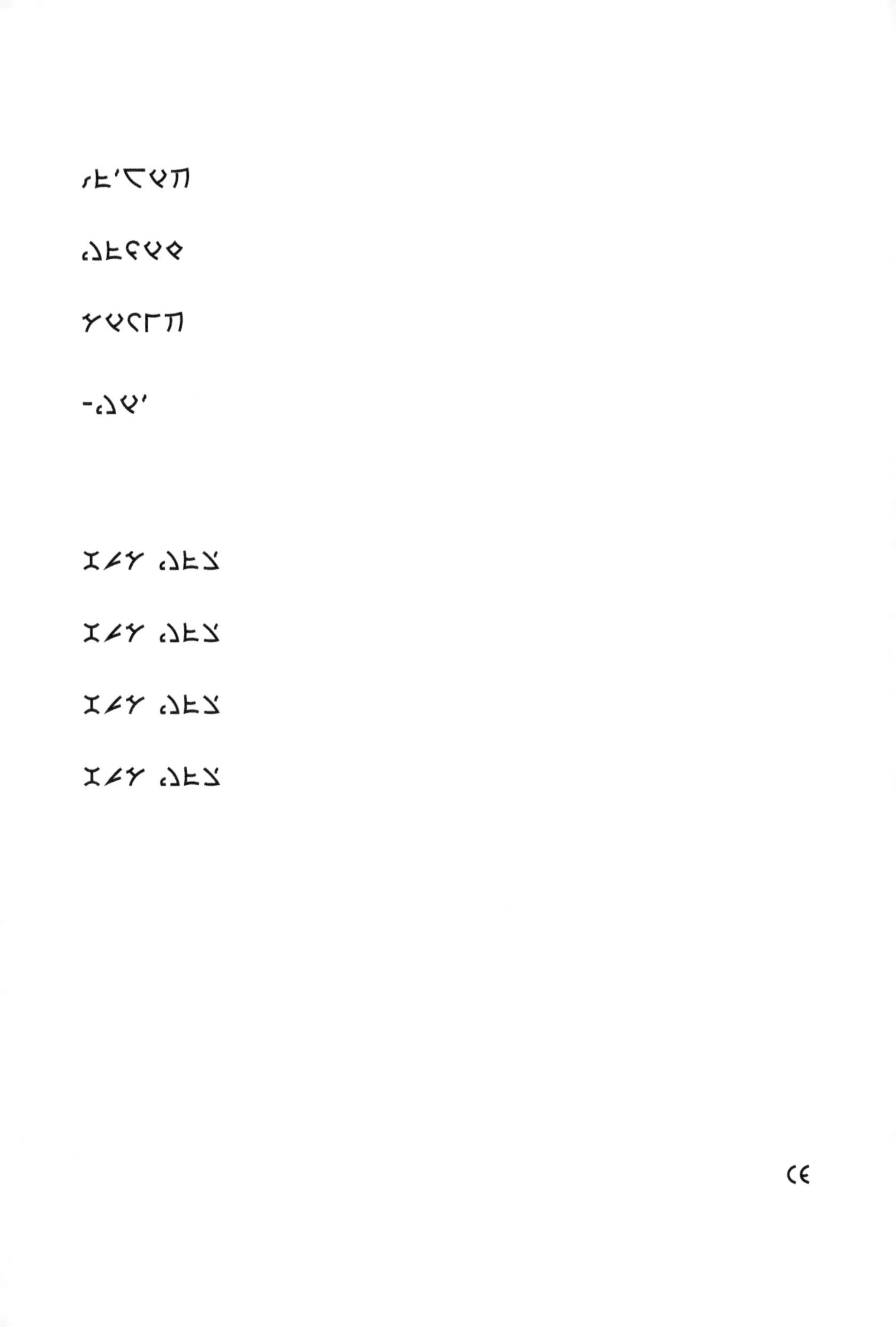

CE

CE

taH rop
qonta' HermIn

'amSepDaq Qangqoq tu'lu'

'ej qaStaHvIS jarmey rop'a' buSHa' neHqu'

wa' jaj Suq 'ej ropyaH jaH
'a QattaHghach neH SaH
qoH vuv pagh rop'a'
qoH'a' ngej neH rop'a'.

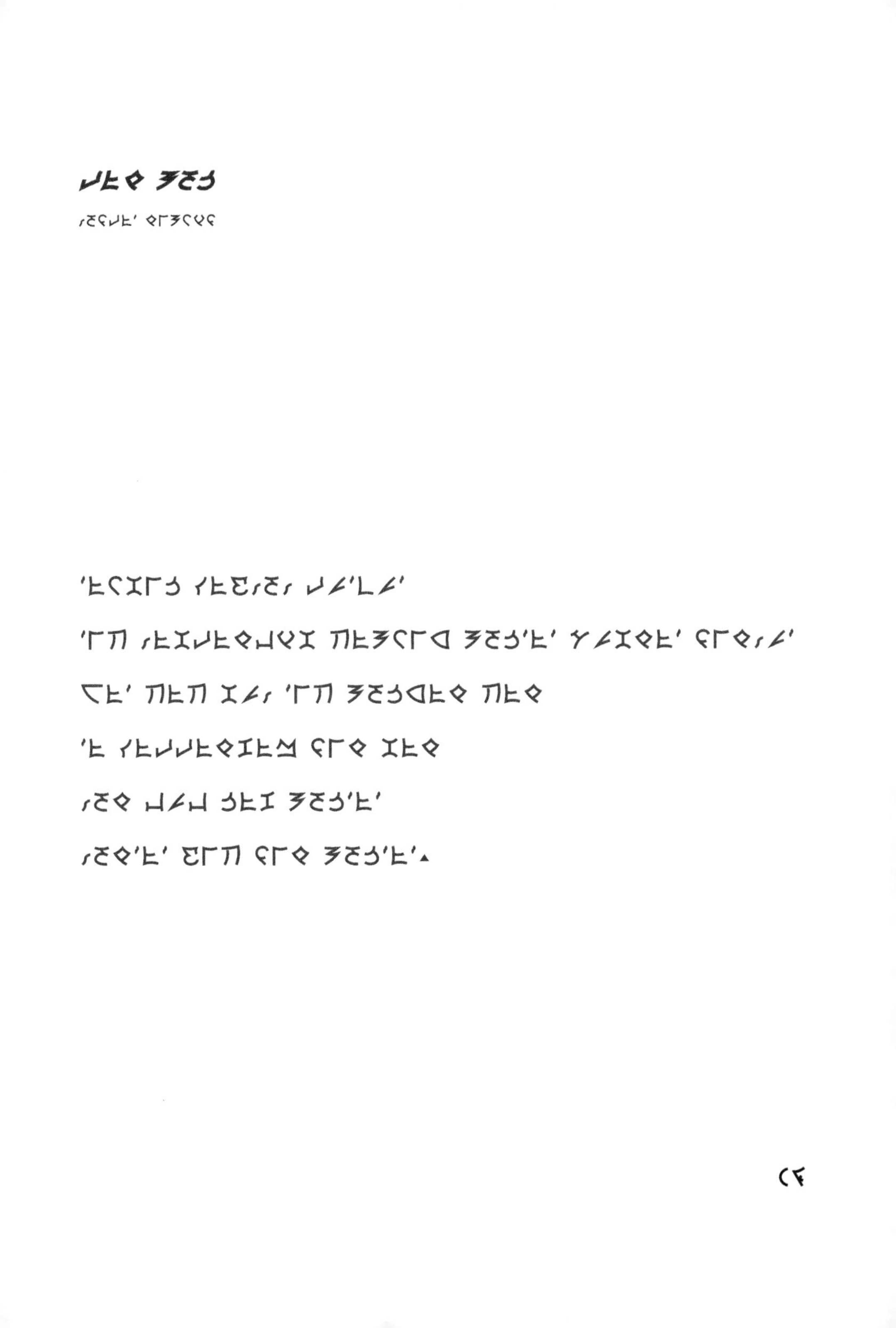

[illegible]

[illegible]

[illegible]

[illegible]

[illegible]

[illegible]

[illegible]

[illegible]

po 'epIl naHmey

qonta' DeSDu'

po 'epIl naHmey
vIDIj. jIwevtaHvIS, pay'
jISaQ, bIDachmo'.

ϽƐ ꞌΓϽⱯⳑ ⅁Ɐ⊖ϹΓ⎠
ⳑⱯ◁⊖Π◂ ΠⱯϹΓⱯⱴⱻⱯⱱ◁⅄◂ Ͻⱻⱷꞌ
ΠⱯ⊥ⱻⱮ◂ ⱶⱯ◁ⱻⱮϹⱻꞌ◂

qul, 'Iw je	*nuq?*
qul, 'Iw je	*qatlh?*
qul, 'Iw je. paw …	*paw nuq?*
paw telDu' 'ugh ghajbogh …	*ghaj nuq?*
	ghaj nuq jay'?
telDu' 'ugh … telDu' 'ugh … not	*not nuq? not nuq?*
not tlhapraghna' Da-	*yIjatlhchu', qoH!*
Dalegh. not Dalegh. not tlhapragh	*-na' vIlegh. teH.*
pawDI',	*qul, 'Iw je qem. yIghuH.*

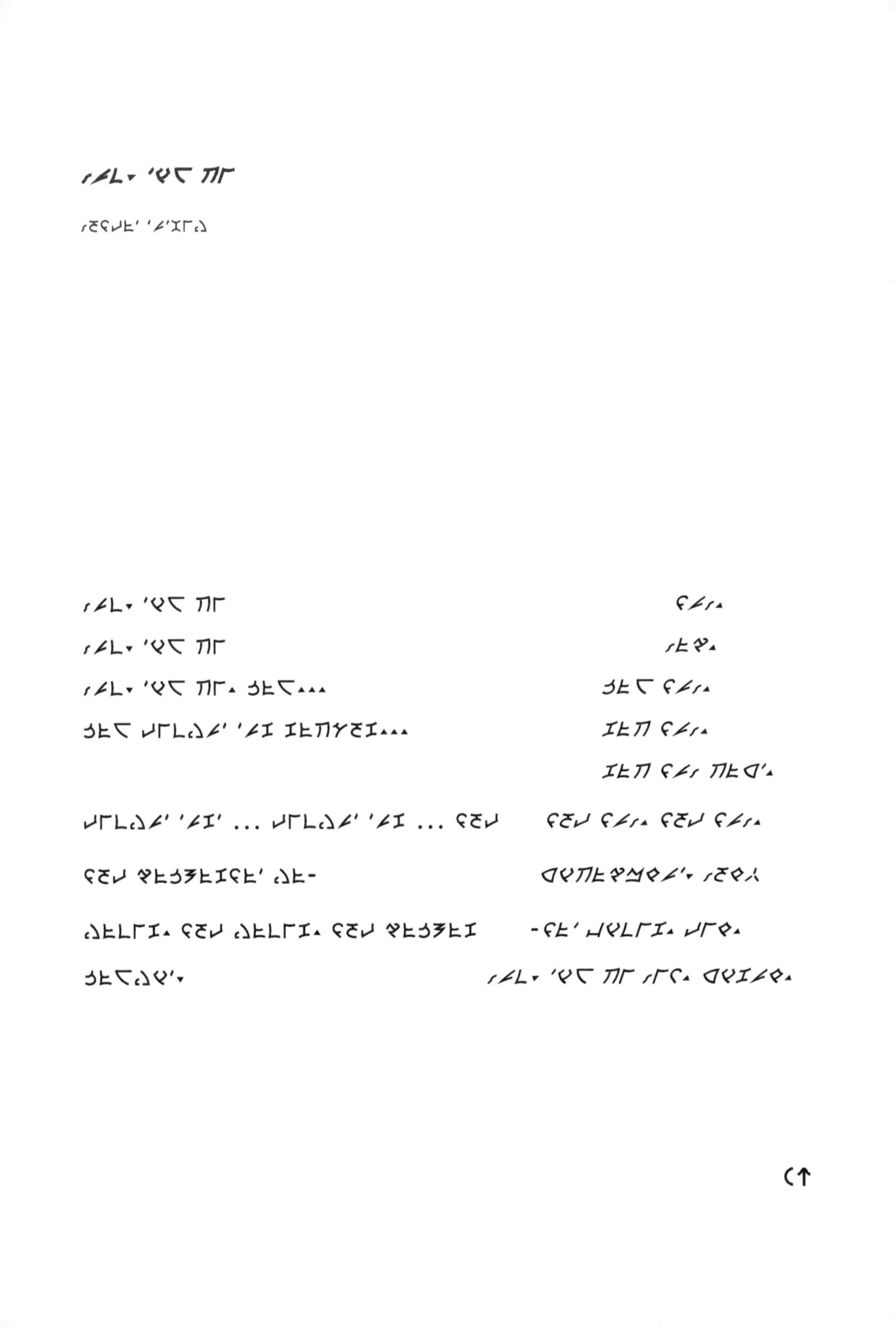

[illegible]

[illegible]

[illegible]	[illegible]
[illegible]	[illegible]
[illegible]	[illegible]
[illegible]	[illegible]
	[illegible]
[illegible]	[illegible]
[illegible]	[illegible]
[illegible]	[illegible]
[illegible]	[illegible]

SoH

qonta' Kurt Schwitters
mughta' DeSDu'

'achghej 'oH bomwIj'e'.

poS jachwI' nuj.

lun jachwI'.

bey'a' bach.

SoHmo' jIqej.

nujlIj pIwmo' jIqej.

mInDu'lIj vIbom.

yItmeH Ho'DoSlIj lubuSqu' mInDu'wIj.

jatlhmeH Ho'DoSlIj lubuSqu' teSDu'wIj.

rep law' qubbID pIwlIj vIqeltaH.

neHtaHghachwIj Da'oS.

yItmeH Ho'DoSlIj, mInDu'lIj je, yI'meH mIwlIj quv je SoH.

bIHaghtaHvIS QunvaD bIjatlh.

QunvaD jatlh jatlhmeH Ho'DoSlIj.

QunvaD jatlh mInlIj.

QunvaD bIjatlhtaHvIS, SoHDaq Hop neHtaHghachwIj.

bI-

HopchoH.

ϵ–

Kurt Schwitters

DeSDu'

(...)

65

EC

Lightning Source UK Ltd.
Milton Keynes UK
UKHW012210041220
374627UK00003B/169